Адаптированное

Издательство ELI предлагает вашему вниманию серию адаптированных книг русской классики для читателей всех возрастов. К захватывающим историям прилагаются многочисленные, тщательно составленные упражнения и иллюстрации, которые позволят читателям лучше понять характеры главных героев и проследить сюжетную линию.

Заключительный раздел каждой книги содержит биографию писателя и культурно-историческую справку эпохи.

Все книги серии сопровождаются аудиоприложениями и музыкальными фрагментами из произведений русских композиторов.

А. С. Грин

Алые паруса

Пересказ и упражнения Олеси Балтак

Иллюстрации Клариссы Коррадин

Адаптированное ELI чтение

А. С. Грин
Алые паруса

Пересказ и упражнения Олеси Балтак
Иллюстрации Клариссы Коррадин

Серия адаптированных книг русской классики издательства ELI

Основатели и редакторы серии
Паола Аккаттоли, Грация Анчиллани, Даниэле Гарбулья (арт-директор)

Графический дизайн
Tecnostampa

Раскладка
Марияроза Брицци, Джакомо Фонтани

Технический редактор
Франческо Капитано

Фото и изображения предоставлены
Shutterstock

B.P.6
62019 Recanati (MC)
Italia
T +39 071750701
F +39 071977851
info@elionline.com
www.elionline.com

Первое издание: март 2021 г.

Формат 11,5/18 pt Гарнитура Таймс
Отпечатано в Италии компанией Tecnostampa Recanati - ERR003.01
ISBN 978-88-536-3350-7

www.eligradedreaders.com

СОДЕРЖАНИЕ

6 Главные герои

8 Упражнения

10 Глава 1

20 Упражнения

22 Глава 2

30 Упражнения

32 Глава 3

40 Упражнения

42 Глава 4

50 Упражнения

52 Глава 5

60 Упражнения

62 Глава 6

70 Упражнения

72 Досье **Александр Грин**

78 Тест

80 Содержание коммуникативно-речевой компетенции

Данные символы указывают начало и конец фрагмента записи

старт ▶ **стоп** ■

Главные герои

Ассоль,
дочь Лонгрена
Лонгрен,
старый матрос
Мери,
жена Лонгрена
Лисс
Каперна
Эгль,
писатель
Циммер,
музыкант
Хин,
сын Меннерса
Меннерс,
хозяин
трактира

Упражнения перед чтением

1 **Найдите слова на рисунке:**

1 [а] мо́ре
2 ☐ во́лны
3 ☐ кора́бль
4 ☐ парохо́д
5 ☐ я́хта
6 ☐ ло́дка
7 ☐ при́стань
8 ☐ порт
9 ☐ бе́рег
10 ☐ доро́га
11 ☐ холм
12 ☐ руче́й
13 ☐ лес
14 ☐ примо́рская дере́вня
15 ☐ магази́н (ла́вка)
16 ☐ рестора́н (тракти́р)
17 ☐ тракти́рщик
18 ☐ рыба́к
19 ☐ матро́с
20 ☐ капита́н

2 **Посмотрите на рисунок и скажите, что делают в данный момент эти люди.**

3 Напишите, как их зовут:

~~Лонгрен~~ Меннерс Мери Ассоль Хин Эгль

1	Лонгрен	старый матрос
2		мать Ассоль и жена Лонгрена
3		дочь Мери и Лонгрена
4		хозяин трактира и лавки
5		сын Меннерса
6		писатель, автор сказок

4 Поставьте глаголы в настоящем времени:

Лонгрен – старый моряк, он **(1)** ....работает.......... **(работать)** матросом на бриге «Орион» десять лет. Лонгрен очень **(2)** .... **(любить)** свою работу и море. Лонгрен женат, его жену **(3)** .... **(звать)** Мери. Лонгрен и Мери **(4)** .... **(жить)** в Каперне, небольшой приморской деревне. У них мало денег, но они счастливы. Лонгрен и Мери **(5)** .... **(любить)** друг друга, у них рождается дочь Ассоль. Лонгрен много **(6)** .... **(работать)**, он часто надолго **(7)** .... **(уходить)** в море. Мери **(8)** .... **(ждать)** мужа дома.

После рождения дочери у Мери нет денег. Женщина **(9)** .... **(просить)** Меннерса о помощи. Меннерс – богатый сосед Лонгрена и Мери, он хозяин трактира и лавки. Меннерс женат, у него есть сын. Богатый сосед **(10)** .... **(отказывать)** Мери в помощи. Мери **(11)** .... **(умирать)**. Лонгрен возвращается домой. Смерть Мери – большая трагедия для старого матроса. Лонгрен **(12)** .... **(решать)** сам растить маленькую Ассоль.

Глава 1

▶ 2 Лонгрен шёл домой. Дома его ждали жена и маленькая дочка. Вот уже десять лет Лонгрен работал матросом на бриге* «Орион». Он очень любил свою работу и море. Каждый раз, когда Лонгрен возвращался* домой, Мери ждала его на улице перед домом.

На этот раз на улице никого не было. Лонгрен открыл дверь и вошёл в дом. В комнате, у детской кроватки*, стояла их соседка*. Мери нигде не было.

— Здравствуй, Лонгрен, — сказала соседка.

— Здравствуй, — ответил Лонгрен. — А где моя жена? Где Мери?

— Лонгрен, мне очень жаль. У меня для тебя плохие новости. Твоей жены Мери больше нет. Она умерла*.

На мгновение* Лонгрену стало плохо. Он сел на стул. В его глазах были слёзы*.

— Когда умерла Мери? — спросил он.

— Три месяца назад. После рождения дочери у

бриг 
возвраща́ться идти́ наза́д
крова́тка 
сосе́д, сосе́дка челове́к, кото́рый живёт ря́дом

умере́ть 
на мгнове́ние на секу́нду
слёзы 

твоей жены были проблемы со здоровьем, много денег ушло на врачей. Жить Мери было не на что, денег у неё не было. Твоя жена не знала, что ей делать. Она решила попросить Меннерса помочь ей. Меннерс ответил, что даст денег за её любовь.

Меннерс был богатым соседом Лонгрена, он держал* трактир* и лавку*. Люди говорили, что у него всегда было много денег.

— Твоя жена не могла согласиться* на предложение Меннерса, — тихо говорила соседка. — Мери решила пойти в город и продать там своё обручальное кольцо*. Был холодный и ветреный день, шёл дождь. Когда Мери вернулась* домой поздно вечером, ей стало плохо, она заболела* и через неделю умерла. После этого я одна три месяца смотрела за маленькой Ассоль.

Лонгрен слушал соседку и не говорил ни слова. Потом он встал, вышел из дома, пошёл в город, взял расчёт* у капитана «Ориона», простился* с товарищами. Лонгрен решил сам растить маленькую Ассоль. Пока девочка не умела ходить, соседка жила у матроса. Когда Ассоль немного подрос-

держáть *здесь* имéть
трактúр ресторáн
лáвка *здесь* магазúн
согласúться сказáть «да»
обручáльное кольцó 
вернýться домóй прийтú домóй

заболéть 
расчёт *здесь* дéньги, котóрые получáет человéк, когдá он ухóдит с рабóты
простúться сказáть «до свидáния»

ла, Лонгрен поблагодарил* женщину за помощь и сказал, что теперь он будет сам всё делать для девочки.

За десять лет матросской жизни Лонгрен заработал очень мало денег. Теперь он искал новую работу в городе. Скоро в городских магазинах люди увидели его первые игрушки — маленькие модели лодок, яхт, кораблей, пароходов.

Немногословный* по натуре, Лонгрен после смерти* жены стал совсем нелюдимым*. По праздникам его иногда видели в трактире. Он быстро выпивал стакан водки и уходил домой. «Да», «нет», «здравствуйте», «до свидания», «неплохо» — вот и все слова, которые он говорил соседям. Гостей он не любил, сам в гости тоже не ходил. Так постепенно* Лонгрен и его дочь Ассоль остались в полном одиночестве*. Люди их не понимали и не любили.

Прошло пять лет. Пришла весна, ранняя и холодная. С севера* дул сильный холодный ветер. Все рыбаки оставили свои лодки на берегу и сидели дома. Никто не работал. Все ждали окончания

поблагодари́ть сказа́ть «спаси́бо»
немногосло́вный интрове́рт
смерть
нелюди́мый мизантро́п
постепе́нно ме́дленно, со вре́менем
одино́чество жи́знь в изоля́ции
се́вер

непогоды*. Лонгрен не боялся шторма*. Шторм не давал ему думать о Мери. Лонгрен часто ходил на пристань* в непогоду, долго курил там свою трубку* и смотрел на море.

Шторм был совсем близко. Сын Меннерса, Хин, увидел, что их лодка осталась в море. Мальчик сказал об этом отцу. Трактирщик побежал к морю. Там, на берегу, стоял Лонгрен, курил свою трубку и смотрел на шторм. Меннерс прыгнул в лодку и хотел грести* к берегу, но шторм уносил его в море.

— Лонгрен! — кричал* Меннерс. — Помоги мне! Шторм уносит меня в море! Лонгрен стоял на берегу, смотрел на Меннерса и молча* курил.

— Лонгрен! — кричал Меннерс. — Я знаю, что ты слышишь меня! Шторм уносит меня в море, помоги мне!

Лонгрен смотрел на Меннерса, но не говорил ни слова. Казалось, что старый матрос ничего не слышит. Только когда Меннерс был уже далеко в море и Лонгрен больше ничем не мог ему помочь, старый матрос крикнул:

непого́да пло́хая пого́да
шторм 
при́стань ме́сто в порту́, куда́ прихо́дят корабли́
тру́бка 
грести́ 
крича́ть 
мо́лча  без слов, молча́ть, не говори́ть

— Она так же просила тебя! Думай об этом, пока ещё жив*, Меннерс, и не забудь!

Когда шторм унёс лодку трактирщика в море, Лонгрен пошёл домой. Ассоль проснулась* и увидела, что её отец сидит перед лампой и о чём-то думает.

— Папа, что ты делаешь? — спросила девочка.

— Спи, дорогая Ассоль, до утра ещё далеко… Чёрную игрушку я сделал, Ассоль...

На следующий день все жители Каперны только и говорили о том, что шторм унёс трактирщика в море. На шестой день пароход* «Лукреция» привёз Меннерса в приморскую деревню. Меннерс был тяжело болен. После возвращения домой трактирщик прожил только два дня, но перед смертью он рассказал всем о том, что Лонгрен отказал* ему в помощи. Рассказ Меннерса поразил* всех жителей Каперны. Они не могли понять Лонгрена. Они не могли понять, почему Лонгрен не помог Меннерсу. В деревне стали рассказывать странные истории о том, что старый матрос где-то когда-то кого-то убил*, что он фальшивомонетчик* и вообще страшный человек.

жив живо́й
просну́ться 
парохо́д 

отказа́ть сказа́ть «нет»
порази́ть шоки́ровать
уби́ть 
фальшивомоне́тчик челове́к, кото́рый де́лает фальши́вые де́ньги

Ассоль росла без подруг. Дети не хотели играть с ней.

— Папа, скажи, почему нас не любят? — спрашивала девочка.

— Потому что они не умеют любить, — отвечал Лонгрен.

Отец и дочь были всё время вместе. Ассоль любила слушать истории старого матроса о пиратах, кладах* и русалках*. Всю домашнюю работу Лонгрен теперь делал сам: носил воду, готовил еду, мыл посуду, смотрел за маленькой Ассоль. В свободное время Лонгрен делал модели кораблей на продажу*. Когда Ассоль было восемь лет, отец научил её читать и писать. Лонгрен стал брать девочку с собой в город, но очень скоро Ассоль стала ходить в Лисс одна, без отца. Она относила игрушки Лонгрена на продажу. Лисс был в четырёх вёрстах* от Каперны, но дорога к городу шла через лес, поэтому Ассоль ходила в Лисс только утром и только в хорошие дни.

И вот одним прекрасным* солнечным утром Ассоль взяла новые игрушки Лонгрена и пошла в

клад 
руса́лка 

на прода́жу продава́ть това́р за де́ньги
1 верста́ = 1,0668 км
прекра́сное хоро́шее, краси́вое

город. В лесу она решила немного отдохнуть и посмотреть новые кораблики. Одна игрушка ей очень понравилась: это был маленький белый кораблик с алыми парусами. Ассоль решила немного поиграть с новой игрушкой. Рядом был ручей*. Девочка спустила кораблик на воду*. Вдруг ручей понёс кораблик далеко в лес.

Ассоль очень испугалась*. Она не могла потерять новую игрушку Лонгрена! Девочка бежала за корабликом и не смотрела по сторонам*. Вдруг лес закончился. Ручей принёс кораблик к морю. На берегу моря стоял старый человек. В его руках был кораблик Ассоль. Он внимательно рассматривал* игрушку. Человека этого звали Эгль, он был известным сказочником*.

— Это мой кораблик, отдай его мне, — сказала Ассоль.

— Хорошо, — сказал Эгль. — Если это твой кораблик, я отдам его тебе. Как зовут тебя?

— Ассоль, — ответила девочка.

— Ассоль… Ты шла в город и несла игрушки на продажу. В лесу ты решила поиграть с корабликом,

руче́й 

спусти́ть на́ воду
испуга́ться 
смотре́ть по сторона́м смотре́ть вокру́г

рассма́тривать смотре́ть внима́тельно
ска́зочник а́втор ска́зок

а ручей унёс его от тебя...

— Ты меня видел? — спросила Ассоль. — Или тебе это кто-то сказал?

— Нет, я это знал. Я – самый главный волшебник*, — ответил Эгль. — Слушай меня внимательно, девочка, я должен рассказать тебе одну историю. Не знаю, когда это будет. Ты будешь большой, Ассоль. Однажды утром ты увидишь в море корабль под алыми парусами. На берегу будет много людей, все будут смотреть на этот корабль. Ты тоже будешь стоять там. Корабль подойдёт к берегу под звуки прекрасной музыки. На корабле будет храбрый красивый принц. «Здравствуй, Ассоль! — скажет он. — Далеко-далеко отсюда я увидел тебя во сне* и приехал, чтобы увезти тебя навсегда в мою страну!»

Ассоль смотрела на сказочника и не говорила ни слова…

волше́бник 

сон 

Упражнения после чтения

1 Поставьте фразы по порядку:

а [1] Лонгрен ушёл в море.
б ☐ Лонгрен вернулся домой.
в ☐ Мери родила дочь.
г ☐ Лонгрен тяжело переживал смерть жены.
д ☐ Мери заболела и умерла.
е ☐ После рождения дочери у Мери были проблемы со здоровьем.
ё ☐ Лонгрен решил сам растить маленькую Ассоль.
ж ☐ Богатый сосед отказал Мери в помощи.

2 Напишите, верно ✔ или неверно ✘:

1 Лонгрен был открытым и приветливым человеком.
[✘] нелюдимым
2 Во время шторма лодку Лонгрена унесло в море. ☐ ....
3 Лонгрен помог Меннерсу. ☐ ....
4 Пароход «Лукреция» привёз Лонгрена домой на шестой день после шторма. ☐ ....
5 Меннерс был тяжело болен. ☐ ....
6 Перед смертью Меннерс рассказал всем о том, что Лонгрен отказал ему в помощи. ☐ ....
7 Рассказ Меннерса поразил всех жителей Каперны.
☐ ....

3 Напишите слова в тексте в необходимом падеже:

~~история~~ корабль принц море берег страна музыка

Ассоль, я должен рассказать тебе одну **(1)** историю. Не знаю, когда это будет. Ты будешь большой, Ассоль. Однажды утром ты увидишь в **(2)** .... корабль под алыми парусами. На **(3)** .... будет много людей, все будут смотреть на этот **(4)** .... Ты тоже будешь стоять там. Корабль подойдёт к берегу под звуки прекрасной **(5)** .... На корабле будет храбрый красивый **(6)** .... «Здравствуй, Ассоль! — скажет он. — Я приехал, чтобы увезти тебя навсегда в мою **(7)** .... !»

Упражнения перед чтением

1 Найдите слова на рисунке:

1 [а] ры́царские доспе́хи
2 ☐ ста́рые кни́ги
3 ☐ игру́шки
4 ☐ черда́к
5 ☐ карти́на «Шторм»
6 ☐ карти́на «Распя́тие Христа́»
7 ☐ дверь
8 ☐ библиоте́ка
9 ☐ ле́стница
10 ☐ гости́ная
11 ☐ ку́хня
12 ☐ стол
13 ☐ стул
14 ☐ кастрю́ля
15 ☐ ло́жка
16 ☐ по́вар
17 ☐ слуга́
18 ☐ служа́нка
19 ☐ ви́нный по́греб
20 ☐ бо́чка с вино́м

2 Посмотрите на рисунок и скажите, что делают в данный момент эти люди.

Глава 2

▶ 3 Юлий Цезарь* однажды сказал, что лучше быть первым в деревне, чем вторым в Риме. Артур Грэй так не думал. Он родился капитаном, хотел быть им и стал им.

Отец и мать мальчика были богатыми и знатными* людьми. Артур Грэй рос в родовом замке* в атмосфере аристократических ритуалов и формальностей, но мальчик жил в своём мире и смотрел на жизнь в замке другими глазами.

Когда Грэю было восемь лет, в библиотеке отца он увидел картину «Распятие Иисуса Христа»*. Грэй взял голубую краску* и закрасил кровь* на руках и ногах Иисуса.

— Зачем ты это сделал? — спросил его отец. — Это работа известного художника.

— Я знаю, — ответил Грэй. — Но я не хочу, чтобы у Христа на руках и ногах была кровь. Я не хочу, чтобы ему было плохо.

Лионель Грэй улыбнулся* и больше не сказал сыну ни слова.

Це́зарь 
зна́тные лю́ди аристокра́ты
родово́й за́мок 
«Распя́тие Иису́са Христа́» 

кра́ска 
кровь 
улыбну́ться 

Грэй изучал родовой замок. На чердаке он нашёл старые книги и старые рыцарские доспехи*. В погребе он внимательно слушал истории старого слуги* Польдишока о море, путешествиях, дальних странах и городах.

— Ты видишь это место? — говорил Польдишок Грэю. — Тут лежит вино твоего прапрадеда, Джона Грэя. В 1793 году он привёз из Лиссабона две бочки* Аликанте. Это самое лучшее вино, которое когда-либо было на свете. Твой прапрадед заплатил за него две тысячи золотых монет*.

На старой бочке было написано: «Меня выпьет Грэй, когда будет в раю»*. Странную фразу никто не мог понять, но бочку с вином не открывали.

— Этого вина никто никогда не пил и не будет пить, — сказал Польдишок Грэю.

— Я буду первым, кто выпьет его, — ответил Грэй.

Родители Грэя не хотели, чтобы мальчик ходил на кухню и разговаривал со слугами, но Грэю нравилось смотреть на работу поваров.

Однажды на кухне случилось несчастье*. Одна

ры́царские доспе́хи
слуга́
бо́чка
золоты́е моне́ты
рай
несча́стье трагéдия

служанка случайно* плеснула* горячий бульон* себе на руку. Бетси (так звали девушку) сидела в углу и плакала от боли*.

— Тебе очень больно? — спросил Грэй.

— Попробуй, так узнаешь, — ответила Бетси.

Грэй посмотрел на девушку, потом встал на стул, взял ложку, открыл кастрюлю и плеснул горячий бульон себе на руку. Как ему было больно! Грэй спрятал руку в карман*.

— Я думаю, что тебе очень больно, — сказал он. — Пойдем, Бетси, к врачу.

Врач помог Бетси. Когда девушка ушла, Грэй показал врачу свою руку.

Эта история сделала Бетси и Грэя большими друзьями. Девушка приносила мальчику пирожки* и яблоки, а он рассказывал ей сказки и истории.

Однажды Грэй узнал, что Бетси не может выйти замуж*, так как у неё нет денег. Мальчик взял все свои деньги и оставил их вместе с письмом в комнате Бетси. В письме он написал: «Бетси, это твои деньги. Робин Гуд*». На кухне все очень испугались* . Все подумали, что в замке были бан-

случа́йно не специа́льно
плесну́ть на́ руку
бульо́н
пла́кать от бо́ли

карма́н
пирожки́
вы́йти за́муж
Ро́бин Гуд
испуга́ться

диты, поэтому Грэй сказал родителям, что Робин Гуд – это он, и что это он написал письмо Бетси. Мальчик не взял денег назад и не хотел больше говорить об этом.

Лилиан Грэй очень любила сына. Она ни в чём не могла отказать* ему. Грэй мог делать всё, что хотел. Он мог ездить на любой лошади*, брать в замок любую собаку, читать любые книги, есть любую еду. Мальчик жил в своём мире. Друзей у него не было, он всегда был один.

В двенадцать лет Грэй стал много читать. Мальчик любил часами сидеть в библиотеке отца и читать старые книги. Однажды, когда он закончил читать и уже стоял перед выходом, он увидел над дверью большую картину. Это была работа известного художника. На картине был нарисован корабль во время шторма. Капитан корабля не испугался шторма и храбро* командовал своими матросами. Фигура капитана очень поразила мальчика. Грэй теперь часто приходил в библиотеку и часами смотрел на картину. Он решил стать капитаном.

Грэю было пятнадцать лет, когда он тайно* ушёл

отказа́ть сказа́ть «нет»
ло́шадь 

хра́бро героически
та́йно по секре́ту от всех

из дома. В порту мальчик решил искать работу на корабле. Так он познакомился с капитаном Гопом. Капитан «Ансельма» был добрым человеком, но суровым* моряком. Он скептически смотрел на идею маленького мальчика из богатой семьи стать капитаном. Он думал, что через два месяца Грэй скажет ему: «Капитан Гоп, я не могу больше тут работать, я хочу домой, к маме». Капитан Гоп уже придумал ответ: «Да, я всё понимаю, возвращайтесь домой, к маме, она ждёт вас в замке с одеколоном* «Роза-Мимоза».

Но Грэй молча шёл к своей цели*. Ему было очень трудно, но он шёл вперёд. Победа была на его стороне. Капитан Гоп решил «сделать из щенка* капитана»: познакомить Грэя с навигацией, морским правом*, бухгалтерией*.

Грэй побывал* во Франции, Америке, Испании. В Ванкувере он получил письмо матери. Она просила его вернуться домой. Он ответил ей: «Я всё понимаю, но посмотри на мир моими глазами…» Грэй продолжал плавать, пока корабль не вернулся в его родной город. Грэй решил пойти домой и

суро́вый стро́гий
одеколо́н 
цель 
щено́к 

морско́е пра́во правовы́е но́рмы
бухгалте́рия тео́рия и пра́ктика контро́ля комме́рческих опера́ций
побыва́ть быть, посети́ть

встретиться со своими родителями.

Лилиан Грэй стояла перед распятием Христа и молилась*.

— Мальчик мой! — в глазах матери были слёзы.

Лилиан Грэй рассказала сыну о смерти отца, а Грэй рассказал ей о себе и о том, что стало делом его жизни. Мать слушала сына и не понимала его. Она видела в его словах новые игрушки, которыми сейчас играл её мальчик. Игрушками этими теперь были материки, океаны, корабли.

Грэй был дома семь дней. На восьмой день он взял большую сумму денег, поехал в порт, нашёл капитана Гопа и сказал ему:

— Спасибо. Вы были добрым товарищем. До свидания, капитан Гоп. Теперь у меня будет свой корабль.

В двадцать лет Грэй купил трёхмачтовый галиот* «Секрет» и плавал на нём четыре года. Судьба* привела его в Лисс. Каперна, где жили старый матрос Лонгрен и его дочь Ассоль, была в четырёх вёрстах от Лисса.

молúться 

трёхмáчтовый галиóт 

судьбá 

Упражнения после чтения

1 **Напишите слова в тексте в необходимом падеже:**

~~замок~~	море	погреб	чердак	путешествие	город

Грэй изучал **(1)** ......**замок**...... . На **(2)** .... он нашёл старые книги и старые рыцарские доспехи. В **(3)** .... он слушал истории старого слуги о **(4)** ...., о **(5)** ...., о дальних странах и **(6)** .... Грэй решил стать капитаном.

2 **Найдите 11 ошибок:**

Грэю было <u>двадцать</u> лет. Мальчик	**1**	......**двенадцать**......
любил часами сидеть в комнате отца	**2**	....
и читать старые журналы. Однажды он	**3**	....
увидел над диваном большую картину.	**4**	....
На картине был нарисован город во время	**5**	....
шторма. Капитан корабля испугался	**6**	....
шторма и плохо командовал своими	**7**	....
матросами. Фигура художника очень	**8**	....
поразила мальчика, он теперь редко	**9**	....
приходил в комнату и часами смотрел на	**10**	....
картину. Грэй решил стать художником.	**11**	....

3 **Найдите правильный ответ:**

Артур Грэй тайно ушёл из дома и поступил **(1) в школу/в ресторан/<u>на корабль</u>** «Ансельм». Капитан Гоп был **(2) плохим/злым/добрым** человеком, но суровым **(3) моряком/рыбаком/солдатом**. Он скептически смотрел на идею маленького **(4) мальчика/мужчины/рыбака** из богатой семьи стать **(5) рыбаком/капитаном/солдатом**. Но Грэй шёл к своей **(6) цели/маме/школе**. Ему было очень **(7) скучно/хорошо/трудно**, но он шёл вперёд. **(8) Судьба/победа/семья** была на его стороне. Капитан Гоп решил «сделать из **(9) кота/рыбы/щенка** капитана». В двадцать лет Грэй купил **(10) лодку/яхту/корабль** «Секрет» и плавал на нём **(11) два/три/четыре** года. **(12) Судьба/подруга/работа** привела его в Лисс.

Упражнения перед чтением

1 Найдите слова на рисунке:

1 [a]	ма́чта	11 ☐	бе́рег
2 ☐	флаг	12 ☐	склон холма́
3 ☐	па́рус	13 ☐	костёр
4 ☐	каю́та	14 ☐	лес
5 ☐	трюм	15 ☐	трава́
6 ☐	груз	16 ☐	обры́в над мо́рем
7 ☐	я́корь	17 ☐	огни́ го́рода
8 ☐	штурва́л	18 ☐	луна́
9 ☐	па́луба	19 ☐	звёзды
10 ☐	ло́дка	20 ☐	рассве́т

2 Посмотрите на рисунок и скажите, что делают в данный момент эти люди.

Глава 3

▶ 4 Корабль капитана Грэя стоял в порту Лисса. Десять дней «Секрет» выгружал* кофе и чай на берег. На одиннадцатый день вся команда корабля* отдыхала в городе. Матросы сидели в трактире, ели, пили вино, курили, рассказывали друг другу разные истории.

На двенадцатый день, без какой-либо причины*, Грэй почувствовал странную тоску* в сердце*. Он проснулся рано утром, оделся, позавтракал без аппетита, а потом долго сидел в своей каюте* и курил. Странная тоска не проходила. Грэй не мог понять этого нового чувства*.

Капитан решил осмотреть корабль. Он поговорил с матросами и дал им несколько команд. Вечером Грэй сидел в своей каюте, читал книгу и курил. Странная тоска не проходила. Грэй закрыл книгу и вышел на палубу. Была полная ночь. В тёплом воздухе стоял запах* моря. В чёрном ночном небе ярко светились звёзды. Над морем стояла большая жёлтая луна. Вдали светились огни города*.

выгружа́ть 
кома́нда корабля́ экипа́ж 
причи́на *здесь* рациона́льное объясне́ние
тоска́ чёрная меланхо́лия
се́рдце 
каю́та ко́мната на корабле́
чу́вство эмо́ции
за́пах арома́т
огни́ го́рода 

— Приготовьте лодку, — сказал Грэй. — Летика поедет со мной. Скажите ему, чтобы он взял удочки*. Мы поедем ловить рыбу.

— Куда прикажете* плыть, капитан? — спросил Летика.

Грэй молчал. Матрос знал, что в такие моменты нужно молчать и ни о чём не спрашивать капитана.

Плыли они медленно, волны несли лодку к берегу. Вдали светились окна деревни. Это была Каперна.

— Будем ловить рыбу здесь, — сказал Грэй.

Они вышли на берег, поднялись на склон холма и вошли в лес. Летика развёл костёр*. Грэй взял сумку, открыл её, достал бутылку вина и сел у костра.

— Выпей, друг Летика, за здоровье* всех трезвенников*, — сказал Грэй.

— Спасибо, капитан, — ответил Летика.

Матрос достал из своей сумки жареного цыплёнка*.

— Скажите, капитан, это правда, что вы из богатой и знатной семьи?

у́дочка 
приказа́ть дать кома́нду
развести́ костёр 

вы́пить за здоро́вье 
тре́звенник челове́к, кото́рый не пьёт алкого́льных напи́тков
жа́реный цыплёнок 

— Это не интересно, Летика. Бери удочку и лови рыбу, если хочешь.

— А вы?

— Я? Не знаю. Может быть. Но… потом.

Грэй лёг* у костра. Вокруг было тихо и темно. Грэй закрыл глаза и мгновенно уснул*.

Ночь прошла быстро — и вот уже было утро. Грэй проснулся. Летики у костра не было. Матрос сидел на берегу моря и ловил рыбу. Грэй встал и посмотрел по сторонам. Вокруг никого не было. Грэй вышел из леса на открытое место. Вдруг он увидел красивую молодую девушку, ей было лет семнадцать. Девушка была в пяти шагах* от Грэя. Она спала на траве*. Красота девушки поразила капитана. Грэй молча смотрел на неё. Он не знал, кто она, как её зовут и почему она спит на берегу. Ему казалось, что он смотрит на какую – то мистическую картину. Грэй снял с пальца* старинное дорогое кольцо* и надел его на палец девушки.

В этот момент из леса вышел Летика. Он видел, как Грэй надел своё кольцо на палец девушки. Матрос с удивлением смотрел на своего капитана.

лечь 
усну́ть 
шаг 

трава́ 
па́лец 
кольцо́ 

— А, это ты, Летика! — сказал Грэй. — Посмотри на эту девушку! Что скажешь?

— Да, очень красивая девушка, — ответил Летика. — Как картина известного художника.

Летика любил красивые книжные фразы.

— Тише, Летика. Пойдём обратно, к лодке.

Грэй и Летика вышли на открытый склон холма. Они шли к лодке, но Грэй не спешил*. Вдали* утреннее солнце освещало приморскую деревню розовым светом*. Грэй смотрел на утреннюю Каперну.

— Как ты думаешь, Летика, где здесь трактир? — спросил Грэй.

— Не знаю, капитан. Может быть, там, где дом с чёрной крышей*, — ответил Летика.

Они подошли к дому. Это был трактир Меннерса. Теперь хозяином трактира был сын Меннерса, Хин. Хин был высоким молодым человеком, ему было двадцать два года. После смерти Меннерса прошло десять лет.

Грэй и Летика открыли дверь и вошли в трактир. В трактире было три человека. У окна сидел

спеши́ть 
вдали́ далеко

освеща́ть ро́зовым све́том 
кры́ша 

угольщик*. За столом, между буфетом* и дверью зала, сидели два рыбака. Они ели яичницу* и пили пиво. Хин Меннерс стоял за стойкой*. Когда Грэй и Летика сели за стол, Хин подошёл к ним. Хозяин трактира понял, что перед ним был капитан корабля. Грэй заказал ром*.

— Хозяин, — Грэй посмотрел на Хина. — Вы, конечно, знаете здесь всех жителей. Меня интересует имя молодой девушки лет семнадцати, невысокой, в платье с розовыми цветочками. Я встретил её недалеко отсюда.

— Это, должно быть, «Корабельная Ассоль», — сказал Хин. — Она полоумная*.

— В самом деле?* — спросил Грэй. — Как же это случилось?

— Семь лет назад один сказочник сказал ей, что однажды за ней приплывёт принц на корабле с алыми парусами и увезёт её в свою страну. Она поверила в эту сказку и ждёт своего принца. С тех пор её так и зовут «Корабельная Ассоль».

Грэй посмотрел в окно. Вдруг он почувствовал как бы удар*, удар в сердце и голову*. По дороге

у́гольщик
буфе́т *здесь*
яи́чница
сто́йка *здесь*

ром
полоу́мная ненорма́льная
В са́мом де́ле? Это пра́вда?
уда́р
голова́

шла та самая Корабельная Ассоль, о которой рассказывал Хин.

— Ещё могу сказать вам, что её отец – страшный человек, — сказал Хин. — Он утопил* моего отца, как кошку*.

— Ты врёшь*! — вдруг сказал Хину угольщик. — Он врёт, — угольщик смотрел на Грэя. — Его отец тоже врал, врала и мать. Такая семья. Ассоль так же здорова, как мы с вами. Я много раз возил её в город. Я с ней разговаривал. С тобой, Хин Меннерс, она, понятно, не скажет двух слов.

Хин посмотрел на угольщика, но не сказал ни слова.

— Вы будете ещё что-нибудь заказывать? — спросил Хин у Грэя.

— Нет, — ответил ему Грэй и достал деньги. — Мы уходим.

Грэй и Летика вышли на улицу.

— Летика, — сказал Грэй. — Ты пойдёшь в деревню и будешь там до вечера. Узнай о девушке всё, что можно узнать. Ты понял?

— Да, мой капитан, — ответил матрос.

утопи́ть 
ко́шка 

врать говори́ть непра́вду

Упражнения после чтения

1 Найдите правильный ответ:

1	Корабль капитана Грэя	**а**	☐ стоял в порту Каперны.
		б	☑ стоял в порту Лисса.
		в	☐ стоял в порту Барселоны.
2	«Секрет» выгружал на берег	**а**	☐ кофе и чай.
		б	☐ специи и фрукты.
		в	☐ пассажиров.
3	После работы вся команда	**а**	☐ отдыхала на пляже.
		б	☐ отдыхала на корабле.
		в	☐ отдыхала в городе.
4	На сердце у капитана было	**а**	☐ тоскливо.
		б	☐ хорошо.
		в	☐ легко и свободно.
5	Ночью Грэй и Летика	**а**	☐ поехали в ресторан.
		б	☐ поехали в театр.
		в	☐ поехали ловить рыбу.
6	Недалеко от Каперны Грэй увидел	**а**	☐ красивую девочку.
		б	☐ красивую девушку.
		в	☐ красивую женщину.
7	Девушке было	**а**	☐ 10-15 лет.
		б	☐ 15-20 лет.
		в	☐ 20-25 лет.
8	Девушка	**а**	☐ танцевала на берегу.
		б	☐ пела на берегу.
		в	☐ спала на берегу.
9	Грэй оставил девушке	**а**	☐ свой браслет.
		б	☐ своё кольцо.
		в	☐ свои часы.
10	Хин Меннерс сказал Грэю, что	**а**	☐ Ассоль богатая.
		б	☐ Ассоль умная.
		в	☐ Ассоль полоумная.

Упражнения перед чтением

1 Найдите правильный ответ:

1 После смерти жены Лонгрен
- а ☑ остался дома.
- б ☐ ушёл в море.
- в ☐ уехал в другой город.

2 Лонгрен стал
- а ☐ работать на почте.
- б ☐ работать в порту.
- в ☑ делать игрушки на продажу.

3 Эгль рассказал Ассоль историю
- а ☐ о пиратах.
- б ☐ о старом капитане.
- в ☑ о корабле с алыми парусами.

4 Ассоль
- а ☑ поверила в сказку.
- б ☐ не поверила в сказку.
- в ☐ забыла сказку.

2 Напишите, кто говорит эти фразы, Лонгрен или Ассоль:

1 Ты как думаешь, приплывёт за мной корабль с алыми парусами или нет? ...**Ассоль**...

2 Конечно, приплывёт. ....

3 Если мои игрушки никто не покупает, надо искать новую работу. ....

4 Я, может быть, снова пойду работать матросом на корабль. ....

5 Могу я оставить тебя одну на несколько дней? ....

6 Отец, я могу работать вместе с тобой, скажем, в буфете. ....

7 Нет! Ты работать не будешь. Но у нас есть ещё время подумать. ....

Глава 4

▶ 5 Когда сказочник Эгль рассказал Ассоль историю о корабле с алыми парусами, девочка поверила* в сказку. Она быстро побежала домой. Лонгрен был дома, он работал в своём маленьком огороде*.

— Лонгрен, — быстро говорила Ассоль, — послушай, что я тебе сейчас расскажу! На берегу, там, далеко, сидит волшебник*...

Девочка рассказала отцу о своей встрече с волшебником, о храбром красивом принце и о корабле с алыми парусами.

— Ты как думаешь, приплывёт за мной корабль с алыми парусами или нет? — спросила она у отца.

— Конечно, приплывёт, — ответил он.

Но на самом деле* старый матрос так не думал. «Станет большой, забудет*, — сказал он себе. — Старый сказочник рассказал моей дочери красивую сказку. Сейчас она в неё верит, а потом станет большой и всё забудет».

Отец посадил дочку себе на колени*. Ассоль очень устала, через несколько минут она уже креп-

пове́рить, ве́рить ду́мать, что э́то пра́вда
огоро́д 
волше́бник 

на са́мом де́ле в реа́льности
забы́ть не по́мнить
посади́ть на коле́ни 

ко* спала. Лонгрен достал из кармана трубку и закурил. На улице, недалеко от дома Лонгрена, сидел молодой нищий*. Он слышал всё, о чём говорили Лонгрен и Ассоль.

— Дай, хозяин, покурить бедному человеку, — попросил он Лонгрена.

— Извини, — ответил старый матрос, — но табак у меня в другом кармане. Я не хочу будить* дочку. Девочка очень устала. Видишь, как она крепко спит. Зайди потом, если хочешь.

— Подумаешь, какая принцесса! — сказал нищий с сарказмом. — Будить её нельзя!

Через полчаса* нищий сидел в трактире и рассказывал всем о своём разговоре со старым матросом:

— Так и не дал мне табака. Он сказал мне, что не хочет будить дочь. Он думает, что его дочь — принцесса. Да, он так и сказал ей, что она выйдет замуж за принца. Принц этот приплывёт за ней на корабле с красными парусами! Лонгрен и его дочь стали совсем ненормальными!

Через три дня, когда Ассоль возвращалась

кре́пко сильно

ни́щий 

буди́ть 

че́рез полчаса́ че́рез три́дцать мину́т

домой из городской лавки, она в первый раз услышала:

— Эй, ненормальная! Ассоль! Смотри, красные паруса плывут!

Девочка вздрогнула* и посмотрела на море. В море не было ни одного корабля. Рядом, в двадцати шагах от неё, стояли дети и смеялись*.

И вот прошло семь лет с того дня, как сказочник Эгль рассказал девочке сказку о корабле с алыми парусами. Ассоль, как всегда одна, возвращалась домой из городской лавки. На этот раз у неё были плохие новости. Она несла домой все игрушки Лонгрена. Хозяин игрушечной лавки не хотел больше покупать их кораблики.

— Теперь в моде новые игрушки, — сказал он. — Ваши кораблики очень старомодные*, их никто не хочет покупать. Спроси в «Детском Базаре» и «Аладдиновой Лампе». Может быть, там ваши игрушки кто-нибудь купит.

Ассоль пошла в «Детский Базар». Там аккуратный человек в очках сказал ей, что игрушки Лонгрена были старомодными. Он показал ей модели

вздро́гнуть
смея́ться

старомо́дные ста́рые, не мо́дные

домов и мостов*, миниатюрные автомобили* и аэропланы*. По его словам, дети теперь любили новые игрушки. Ассоль была ещё в «Аладдиновой Лампе» и в двух других лавках, но всё было безрезультатно*. Старомодные игрушки Лонгрена никому не нравились, никто не хотел покупать их.

Ассоль пришла домой и приготовила ужин. Лонгрен поел, выпил чашку крепкого* кофе и сказал дочери:

— Если мои игрушки никто не покупает, надо искать новую работу. Я, может быть, снова пойду работать матросом на корабль — на «Фицрой» или «Палермо». Могу я оставить тебя одну на несколько дней?

— Отец, я могу работать вместе с тобой, скажем, в буфете*, — сказала Ассоль.

— Нет! — ответил Лонгрен. — Ты работать не будешь. Но у нас есть ещё время подумать.

Старый моряк встал и пошёл на берег посмотреть лодку. Ассоль осталась одна. Она вымыла посуду, потом открыла кухонный шкаф и посмотрела, сколько у них осталось еды. Муки было

мост 
автомоби́ль 
аэропла́н 

безрезульта́тно без результа́тов
кре́пкий си́льный
буфе́т *здесь* кафе́

мало, не было сахара, чая и кофе, закончилось масло. К счастью, остался один мешок картофеля*. Ассоль вымыла пол и села шить* юбку*. Кусочки материи* лежали за зеркалом. Ассоль встала, подошла к зеркалу и посмотрела на своё отражение*. Из зеркала на неё смотрела невысокая девушка в дешёвом белом платье с розовыми цветочками. Эта девушка была дочерью матроса. Каждый день она готовила еду, мыла посуду, шила, делала игрушки на продажу. Но была ещё и другая Ассоль. Эта другая Ассоль была живой поэзией. Девушка умела и любила читать, но больше всего она любила мечтать*. Иногда Ассоль уходила ночью на морской берег, где до утра ждала корабль с алыми парусами. Она верила, что однажды корабль приплывёт за ней. Эти минуты были для неё счастьем. Люди в деревне смеялись над ней и говорили: «Смотрите, вот идёт полоумная* Ассоль!» Но бедная девушка не смотрела на жителей деревни, она научилась не видеть и не слышать их.

Ассоль закончила шить юбку. Было поздно, а Лонгрен всё ещё был в море. В последнее время он

мешо́к карто́феля 
шить 
юбка 
кусо́чки мате́рии 
отраже́ние в зе́ркале 
мечта́ть 
полоу́мная ненорма́льная

часто уплывал ночью ловить рыбу.

Ассоль легла спать, но спала она недолго. Когда девушка проснулась, за окном был рассвет*. Ассоль оделась и вышла на улицу. На улице никого не было, все спали. Девушка пошла к морю. Дорога к морю шла через лес. В лесу Ассоль чувствовала себя как дома. Она разговаривала с цветами, деревьями, животными*. Ассоль говорила с теми, кого понимала и любила.

Девушка подошла к обрыву* над морем. Далеко в море плыл корабль, он плыл прямо к Ассоль. Утреннее солнце окрасило небо, море и корабль в алый цвет*. Сердце девушки радостно забилось*. Она не могла понять этого нового для неё чувства. Странная, непонятная радость* была в её сердце. На мгновение Ассоль подумала, что корабль, который она так долго ждала, был там, на линии горизонта*.

Ассоль села на траву* и долго смотрела на море. Она смотрела на горизонт большими глазами ребёнка. Потом девушка легла на траву, закрыла глаза и уснула.

рассве́т
живо́тные
обры́в
окра́сить в а́лый цвет
се́рдце заби́лось
ра́дость
горизо́нт
трава́

Когда Ассоль проснулась, было утро. На её руке было старинное дорогое кольцо*. — «Чья это шутка*? Чья шутка? — подумала Ассоль. — Я сплю? Откуда у меня это кольцо? Может быть, я его нашла, а потом забыла?» Она смотрела на кольцо и ничего не понимала. И только голос сердца сказал ей: «Да!»

Так, с л у ч а й н о*, Грэй и Ассоль нашли друг друга утром летнего дня.

кольцо́

шу́тка несерьёзное сло́во или де́йствие

случа́йно спонта́нно, вдруг

Упражнения после чтения

1 Поставьте фразы по порядку:

а [1] Старый сказочник Эгль рассказал Ассоль историю о корабле с алыми парусами.

б ☐ Ассоль рассказала сказку Эгля Лонгрену.

в ☐ Жители Каперны стали смеяться над Ассоль.

г ☐ Молодой нищий слышал всё, о чём говорили Лонгрен и Ассоль.

д ☐ Молодой нищий рассказал всем жителям деревни историю о корабле с алыми парусами.

е ☐ Ассоль поверила в красивую сказку.

2 Напишите, верно ✔ или неверно ✘:

1 Прошло семь лет с того дня, как <u>Лонгрен</u> рассказал Ассоль сказку о корабле с алыми парусами. ☒ Эгль

2 Ассоль решила искать новую работу. ☐ ....

3 Лонгрен часто уплывал ночью ловить рыбу. ☐ ....

4 Ассоль любила гулять поздно вечером. ☐ ....

5 Однажды на рассвете Ассоль увидела в море красивый корабль. ☐ ....

6 Ассоль уснула на берегу моря. ☐ ....

7 Когда Ассоль проснулась, она увидела на своей руке красивый браслет. ☐ ....

8 Голос сердца сказал Ассоль, что красивый корабль пришёл за ней. ☐ ....

3 Напишите слова в тексте в необходимом падеже:

~~дочь~~	поэзия	парус	игрушка	берег	корабль

Ассоль была **(1)** дочерью матроса. Каждый день она готовила еду, мыла посуду, шила, делала **(2)** .... на продажу. Но была ещё и другая Ассоль. Эта другая Ассоль была живой **(3)** .... Девушка умела и любила читать, но больше всего она любила мечтать. Иногда Ассоль уходила ночью на морской **(4)** .... , где до утра ждала корабль с алыми **(5)** .... Она верила, что однажды **(6)** .... приплывёт за ней.

Упражнения перед чтением

1 Найдите правильный ответ:

1 Капитан Грэй –
- а ☐ пират.
- б ☑ романтик.
- в ☐ рациональный человек.

2 Капитану Грэю
- а ☐ понравилась девушка.
- б ☐ понравилась деревня.
- в ☐ понравился город.

3 Грэя поразила история
- а ☐ о старом моряке.
- б ☐ о старом трактирщике.
- в ☐ о корабле с алыми парусами.

4 Грэй подумал, что Ассоль
- а ☐ странная.
- б ☐ ненормальная.
- в ☐ романтик, как и он.

2 Соедините фразы 1-5 и а-д:

1 [б] Что с вами, капитан Грэй? → б

2 ☐ Я беру этот шёлк.

3 ☐ Мне нужен оркестр.

4 ☐ Я еду к жене. Она ещё не жена мне, но будет ею.

5 ☐ Это лучший способ провезти контрабанду!

а Сколько метров?

б Спасибо, у меня всё хорошо.

в Теперь всё понятно. Я поздравляю вас.

г Ваша идея очень интересна, но вы ошибаетесь.

д Хорошо, мы согласны.

3 Что будет дальше? Напишите, ДА ✔ или НЕТ ✘:

	ДА	НЕТ
1 Капитан Грэй поедет в город.	☑	☐
2 Капитан Грэй купит алые паруса.	☐	☐
3 Капитан Грэй встретит Ассоль.	☐	☐
4 Ассоль пригласит капитана Грэя в свой дом.	☐	☐
5 Капитан Грэй пригласит Ассоль на свой корабль.	☐	☐

Глава 5

▶ 6 Артур Грэй вернулся на свой корабль. Странная улыбка лунатика* была на его губах*. Он стоял на палубе и смотрел на берег. Пантен, помощник капитана* Грэя, сразу понял, что с его капитаном было что-то не так.

— Что с вами, капитан Грэй? — спросил он. — Где вы были? Что видели? Вы какой-то странный сегодня. У вас всё хорошо? Извините, конечно, это ваше дело. Я хотел только сказать вам, что в порту нам предлагают хороший груз*.

— Спасибо, Пантен, — ответил Грэй. — У меня всё хорошо. Пожалуйста, скажите матросам, что сегодня мы поднимаем якорь* и переходим в дельту* реки, миль десять отсюда. Придите за картой. Пока всё... Да, новый груз мне не нужен. Я сейчас поеду в город и буду там до вечера.

— Что-то случилось?

— Абсолютно ничего, Пантен. Сейчас я не могу ответить на ваши вопросы, но скоро я вам всё расскажу.

луна́тик стра́нный, ненорма́льный челове́к
гу́бы 
помо́щник капита́на 

груз 
я́корь 
де́льта реки́ 

— Хорошо, — ответил Пантен.

Пантен решил, что всё это было очень странно. «Может быть, капитан хочет взять контрабанду*?» — подумал он.

— До свидания, Пантен, — Артур Грэй попрощался* со своим помощником.

В голове капитана был чёткий* план. Он пошёл в каюту, взял деньги и вернулся на палубу. Потом он сел в лодку и отправился* в город.

Грэй побывал* в трёх лавках. Он искал шёлк* алого цвета. В двух лавках ему показали красный шёлк, но этот цвет Грэю не понравился. Красный цвет — это слишком банально! Грэй искал шёлк алого цвета, чистый и свежий, как утренний рассвет. В третьей лавке он нашёл то, что искал.

— Я беру этот шёлк, — сказал Грэй.

— Сколько метров? — спросил хозяин лавки.

— Две тысячи метров, — ответил Грэй.

— Две? — хозяин лавки подумал, что он неправильно понял капитана. Тысячи? Метров? Очень хорошо... Пожалуйста, капитан... Хотите посмотреть и другой товар*? Вот спички*, вот хо-

контраба́нда нелега́льные това́ры
попроща́ться сказа́ть «до свида́ния»
чёткий я́сный, конкре́тный
отпра́виться пое́хать
побыва́ть посети́ть, быть
шёлк 
това́р ассортиме́нт в магази́не
спи́чки 

роший табак. Две тысячи... две тысячи по…

Хозяин назвал очень большую сумму, но Грэй согласился*. Он не хотел торговаться*. Капитан «Секрета» сказал хозяину лавки, чтобы вечером шёлк привезли на корабль. Потом Грэй заплатил деньги и вышел на улицу.

Где-то рядом играла музыка. Это были уличные музыканты. Они стояли во дворе дома. Один музыкант играл на виолончели*, а другой – на флейте*. Грэй посмотрел на музыкантов и сразу их узнал. Они по вечерам играли в трактире «Деньги на бочку». Матросы «Секрета» любили их весёлую музыку.

— Здравствуй, Циммер! — сказал Грэй музыканту. — А где твоя скрипка*?

— Здравствуйте, капитан! — ответил Циммер. — Днём я играю на виолончели, а вечером — на скрипке. Виолончель — это моя Кармен*, а скрипка...

— Ассоль, — сказал Грэй.

Циммер не понял слов капитана.

— Капитан, это мой компаньон* Дусс. Я гово-

согласи́ться сказа́ть «да»
торгова́ться говори́ть о цене́
виолонче́ль 
фле́йта 

скри́пка 
Карме́н 
компаньо́н партнёр по би́знесу, това́рищ

рил ему, что вы богатый и щедрый* человек.

— Да, — сказал Дусс, — я люблю щедрых людей.

— Извините, — сказал Грэй. — У меня мало времени и много дел. Я бы очень хотел посидеть с вами, выпить вина и поговорить, но мне нужно идти. Я предлагаю вам хорошо заработать*. Мне нужен оркестр. Пригласите своих друзей-музыкантов. Возьмите эти деньги и выпейте за букву А. Если вам нравится моё предложение, приезжайте вечером на «Секрет». Корабль стоит в порту.

— Хорошо! — сказал Циммер. Он знал, что Грэй платит, как царь. — Дусс, скажи спасибо капитану! Да, мы согласны*! Капитан Грэй хочет жениться*!

— Да, — сказал Грэй. — Я вам всё расскажу на «Секрете».

— За букву А! — Дусс улыбнулся. — Но... как много букв в алфавите! Пожалуйста, дайте что-нибудь и на букву Я…

Грэй дал им ещё денег. Музыканты ушли. Грэй вернулся на корабль и стал ждать вечера.

Несколько лет Грэй плавал только с одной ко-

ще́дрый челове́к мецена́т
зарабо́тать получи́ть де́ньги за рабо́ту

согла́сный, согласи́ться сказа́ть «да»
жени́ться взять жену́ 

мандой. Первое время матросы не понимали своего капитана. Грэй часто не брал выгодный* груз только потому, что товар ему не нравился. Артур Грэй любил возить фрукты, специи, чай, табак, кофе, шёлк. Капитан удивлял* команду «Секрета» необычными рейсами* и остановками в безлюдных* местах, но постепенно* матросы стали понимать своего капитана и смотреть свысока* на другие команды, которые работали только ради денег.

— Капитан, всё готово, — сказал Пантен Грэю. — Если хотите, можно поднимать якорь.

— Пантен, — ответил Грэй. — Нет тайны* в том, что я делаю. Скоро я всё расскажу вам.

В каюту капитана вошёл Летика.

— Летика, — сказал Грэй, — что ты узнал о ней? Говори.

— Капитан, — ответил Летика, — я всё написал здесь, в рапорте*. Пожалуйста, читайте.

Грэй взял рапорт Летики. Вот что писал матрос: «После пяти часов ходил по улице. Дом с серой крышей, два окна. Рядом с домом огород. Девушка приходила два раза: за водой раз, за дровами* два.

вы́годный це́нный, дорого́й
удивля́ть шоки́ровать
рейс путеше́ствие, пое́здка
безлю́дный изоли́рованный, без люде́й
постепе́нно со вре́менем
смотре́ть свысока́ счита́ть себя́ лу́чше други́х люде́й
та́йна секре́т
ра́порт официа́льный пи́сьменный докуме́нт
дрова́

Вечером посмотрел в окно, но ничего не увидел. На окне были занавески*».

Грэй положил бумагу в стол и позвал Пантена, но вместо помощника пришёл боцман* Атвуд.

— Капитан, — сказал Атвуд, — Пантен просит узнать, что вы хотите. Он занят: на корабль пришли какие-то люди с трубами*, барабанами* и скрипками. Вы звали их на «Секрет»? Пантен просит вас прийти, он говорит, что ничего не понимает.

— Да, Атвуд, — сказал Грэй, — я звал музыкантов. Скажите им и команде, что я сейчас выйду на палубу и всё всем расскажу.

Грэй вышел на палубу. Все ждали его.

— Мы сегодня поднимаем якорь и переходим в дельту реки, — сказал Грэй матросам. — Там мы поставим новые паруса. Вы все видели красный шёлк. Из него мастер Блент сделает для «Секрета» алые паруса. Потом мы отправимся*, но куда — не скажу. Это недалеко отсюда. Я еду к жене. Она ещё не жена мне, но будет ею*. Мне нужны алые паруса, чтобы ещё с берега она увидела нас. Вот и всё. Как видите, здесь нет никакой тайны.

занаве́ски 
бо́цман 
труба́ 

бараба́н 
отпра́виться пое́хать
е́ю, ей творительный падеж местоимения «она»

— Да, — сказал Атвуд. — Теперь всё понятно... Капитан, я поздравляю вас.

— Спасибо, Атвуд! — ответил Грэй.

После этого вся команда поздравила капитана.

— Пантен, поднимайте якорь, — сказал Грэй. — Я вас сменю* через два часа.

Капитан ушёл в свою каюту. Он сидел и думал, что скоро увидит Ассоль. Через два часа он вышел на палубу сменить Пантена.

— Знаете, — сказал Пантен Грэю, — я всё понял. Это лучший способ* провезти контрабанду! Вы можете иметь такие паруса, какие хотите. У вас гениальная голова, Грэй!

— Бедный Пантен! — ответил капитан. — Ваша идея очень интересна, но вы ошибаетесь. Я делаю то, что сказал.

смени́ть *здесь* продо́лжить рабо́ту друго́го челове́ка

спо́соб ме́тод

Упражнения после чтения

1 Найдите 15 ошибок:

Грэй решил поехать в <u>**свой родовой замок**</u>	**1**	**в город**
и купить там двадцать тысяч метров	**2**	....
белого шёлка. Хозяин лавки попросил за шёлк	**3**	....
очень много денег. Грэй долго торговался.	**4**	....
У капитана было мало денег. Шёлк стоил	**5**	....
очень дорого. Грэй решил не покупать его.	**6**	....
Грэй вышел на улицу. Там стояли певцы.	**7**	....
Один музыкант играл на гитаре, а другой –	**8**	....
на трубе. Грэй предложил музыкантам хорошо	**9**	....
заработать. Капитан пригласил их в театр.	**10**	....
Грэй вернулся в город и стал ждать вечера.	**11**	....
Матросы «Секрета» не любили своего	**12**	....
капитана. Грэй работал только ради денег.	**13**	....
Матросы смотрели свысока на капитана Грэя.	**14**	....
Грэй часто возил контрабанду.	**15**	....

2 Найдите правильный ответ:

Мы сегодня поднимаем **(1) <u>якорь</u>/груз/паруса** и переходим в дельту реки. Вы все видели **(2) белый/красный/чёрный** шёлк. Из него мастер Блент сделает для «Секрета» алые **(3) флаги/сумки/паруса**. Потом мы отправимся, но куда — не скажу. Это **(4) в открытом море/далеко/недалеко отсюда**. Я еду к **(5) сестре/подруге/жене**. Она ещё не жена мне, но будет ею. Мне нужны **(6) алые/белые/чёрные** паруса, чтобы ещё с **(7) берега/балкона/площади** она увидела нас.

3 Поставьте фразы по порядку:

а [1] Грэй поехал в город.
б ☐ Грэй вернулся на свой корабль.
в ☐ Грэй купил шёлк алого цвета.
г ☐ Для «Секрета» сделают новые алые паруса.
д ☐ Алые паруса нужны для того, чтобы Ассоль узнала Грэя.
е ☐ Грэй пригласил музыкантов на свой корабль.

Упражнения перед чтением

СЕ́РДЦЕ: 1. Центра́льный о́рган кровено́сной систе́мы челове́ка. 2. Вну́тренний мир челове́ка (сфе́ра эмо́ций, интуи́ции), ***сино́ним***: душа́, ***антони́м***: ум, ра́зум.

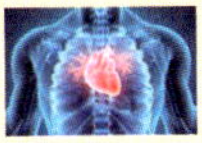     

1 Соедините фразеологизмы (а-е) с их определениями (1-6):

а (почувствовал) странную тоску в **сердце**
б на **сердце у** неё было легко и свободно
в **сердце** девушки вдруг быстро забилось
г странная, непонятная радость была в **сердце** Ассоль
д голос **сердца** сказал ей
е **сердце**, которое знает, что такое любовь

1 ☐ она чувствовала себя хорошо
2 [а] у него была чёрная меланхолия
3 ☐ она была очень счастлива
4 ☐ реакция на неординарную или стрессовую ситуацию
5 ☐ чувство любви к другому человеку
6 ☐ внутренний голос сказал ей

2 Напишите фразеологизмы (а-е) из упражнения 1, левая колонка:

- На двенадцатый день, без какой-либо причины, Грэй почувствовал [а] странную тоску в сердце. **(1)**
- Далеко в море плыл корабль, он плыл прямо к Ассоль. Утреннее солнце окрасило небо, море и корабль в алый цвет. ☐ .... **(2)**
- Ассоль смотрела на кольцо и ничего не понимала. И только ☐ .... **(3)**: «Да!»
- Наше начало — моё и Ассоль — останется нам навсегда в алых парусах и в ☐ .... **(4)**
- На площади Ассоль села отдохнуть у фонтана. ☐ .... **(5)** Она прощалась с городом и его жителями.
- Ассоль сидела в своей комнате и читала книгу. Но вот она посмотрела в окно и увидела белый корабль с алыми парусами. ☐ .... **(6)**

Глава 6

▶ 7 Лонгрен всю ночь был в море. Он долго думал о будущем, о бедности*, об Ассоль. Он думал о том, как им жить дальше.

Когда старый матрос вернулся в Каперну, его дочери не было дома. Лонгрен знал, что Ассоль часто ходила гулять рано утром. Он стал ждать её. Этой ночью старый матрос решил искать новую работу в городе.

Когда Ассоль вернулась домой, в её глазах был необычный* свет. Девушка смотрела на Лонгрена так странно, что он быстро спросил:

— Ассоль, что с тобой? Ты больна?

— Нет, я здорова... Почему ты так странно на меня смотришь? Мне весело. Да, мне весело, но это потому, что сегодня такой хороший день. А что с тобой? Я вижу, что ты что-то решил.

— Ассоль, — ответил Лонгрен, — я знаю, ты поймёшь меня. Жить нам не на что, денег у нас нет. Я пойду работать матросом на почтовый пароход, который ходит между Кассетом и Лиссом. Я дол-

бе́дность *антоним слова* «бога́тство»

необы́чный стра́нный

жен ненадолго оставить тебя одну.

— Да, — сказала Ассоль. — Это очень плохо. Мне будет скучно. Возвращайся скорее*.

На её губах была странная улыбка.

— Ассоль! — Лонгрен внимательно посмотрел ей в глаза. — Что случилось? Ты сегодня странная!

— Нет, — ответила Ассоль. — Ничего не случилось, всё хорошо. Возвращайся скорее. Я буду ждать тебя.

— Я вернусь домой через десять дней. Не думай обо мне. Всё будет хорошо.

После этого Лонгрен поел, крепко поцеловал дочь и вышел на городскую дорогу. Ассоль долго смотрела ему вслед*. Она осталась одна. Дома у неё было много работы, но она об этом не думала. Ассоль решила пойти в Лисс. У неё не было дел в городе. Девушка не знала, почему она идёт туда, но не идти — не могла. В городе было много людей. Ассоль медленно шла по улице и смотрела на лица прохожих*, но никто не смотрел на странную девушку. На площади она села отдохнуть у фонтана. На сердце у неё было легко и свободно.

скоре́е *сравнительная степень от* ско́ро; бы́стро

смотре́ть вслед смотре́ть, как челове́к ухо́дит

прохо́жие 

Она прощалась* с городом и его жителями.

Потом Ассоль решила возвращаться в деревню. По дороге домой девушка встретила угольщика*, который иногда возил её в город.

— Здравствуй, Филипп, — сказала она, — что ты здесь делаешь?

— Ничего, Ассоль. Стою, курю, разговариваю с друзьями. Ты откуда?

Ассоль не ответила.

— Знаешь, Филипп, — сказала она, — я тебя очень люблю и скажу только тебе. Я скоро уеду. Ты только не говори никому об этом.

— Ты хочешь уехать? Куда ты хочешь уехать?

— Не знаю. Я не знаю ни дня, ни часа и даже не знаю, куда. Прощай*, Филипп. Ты часто меня возил.

Девушка ушла так быстро, что Филипп и его друзья не успели* сказать ни слова.

На следующее утро «Секрет» вышел в море под алыми парусами. Грэй стоял у штурвала*. Пантен сидел рядом.

проща́ться сказа́ть «до свида́ния»
у́гольщик 
«Проща́й!» «До свида́ния!»

не успе́ть *здесь* не смочь
штурва́л 

— Теперь, — сказал Грэй Пантену, — я могу всё рассказать вам. Скоро вы увидите девушку, которая должна выйти замуж только таким способом, о котором я вам сейчас расскажу.

Капитан рассказал Пантену то, о чём мы уже хорошо знаем, и закончил свой рассказ так:

— Судьба*, воля*, характер. Я иду к той девушке, которая ждёт только меня. Я тоже не хочу никого другого, кроме неё. Эта девушка помогла мне понять одну простую правду. Правда эта в том, чтобы делать чудеса* своими руками. Когда человек хочет денег, дай ему денег, но когда душа* человека ждёт чуда, сделай ему это чудо, если ты можешь. Новая душа будет у него и новая у тебя. Но в жизни есть и другие чудеса: улыбка, веселье, прощение, нужное слово. Владеть* этим — значит владеть всем. Наше начало — моё и Ассоль — останется нам навсегда в алых парусах и в сердце, которое верит в чудо и знает, что такое любовь.

К полудню* «Секрет» подошёл к берегу. Грэй взял подзорную трубу* и стал смотреть на Каперну. Деревня была совсем близко. Грэй видел крыши домов.

судьба́ 
во́ля *здесь* си́льный хара́ктер
чу́до, чудеса́ 

душа́ 
владе́ть име́ть
по́лдень двена́дцать часо́в дня
подзо́рная труба́ 

Ассоль сидела в своей комнате и читала книгу. Но вот она посмотрела в окно и увидела белый корабль с алыми парусами. Сердце девушки вдруг быстро забилось. В её глазах были слёзы, слёзы радости и счастья.

Ассоль выбежала из дома на улицу и побежала к морю. Корабль с алыми парусами был совсем близко.

Тем временем среди жителей Каперны была паника. Никогда ещё такой большой корабль не подходил к этому берегу. У корабля были те самые алые паруса, которые столько лет были предметом иронии и сарказма. Мужчины, женщины, дети бежали к берегу. Скоро у воды стояла толпа*, и в эту толпу стремительно* вбежала Ассоль.

Пока её не было, люди повторяли её имя, но как только они увидели Ассоль, все перестали говорить и со страхом* отошли от неё.

Циммер дал знак* оркестру, заиграла музыка. От корабля отплыла лодка. Грэй стоял в лодке и смотрел на девушку. Лодка плыла к берегу. Ассоль боялась, что это всё неправда, это только сон.

— Я здесь, я здесь! Это я! — закричала девушка.

толпа́ больша́я гру́ппа люде́й
стреми́тельно о́чень бы́стро

страх 
знак *здесь* кома́нда, сигна́л

СЕКРЕТ

Лодка подплыла к берегу.

— Здравствуй, Ассоль. Я Грэй.

— Здравствуй, Грэй.

— Ассоль, ты узнала меня?

— Совершенно* такой.

— Далеко-далеко отсюда я увидел тебя во сне и приехал, чтобы увезти тебя навсегда в мою страну. Мы будем жить так дружно, что ты никогда не узнаешь слёз и печали*.

— А ты возьмёшь к нам моего Лонгрена?

— Да, я сделаю всё, о чём ты меня попросишь.

В следующее мгновение Ассоль и Грэй стояли на палубе корабля. Вся команда «Секрета» ждала их. Играла музыка. Матросы открыли старую бочку со столетним вином.

— Ну, вот... — Грэй поднял бокал* вина. — Теперь пейте, пейте все; кто не пьёт, тот враг* мне.

— Будьте счастливы, капитан, — сказал Летика.

Утром следующего дня корабль был далеко от Каперны. Все спали. Не спали только рулевой*, вахтенный* и Циммер. Старый музыкант тихо играл на своей виолончели и думал о счастье... ■

совершéнно *здесь* абсолю́тно
печáль
бокáл винá
враг *антоним* слова «друг»
рулевóй 
вáхтенный 

Упражнения после чтения

1 Найдите правильный ответ:

1	Лонгрен	а	☐ решил делать новые игрушки.
		б	☑ решил искать новую работу.
		в	☐ решил уехать в Америку.
2	Когда Лонгрен вернулся в Каперну,	а	☐ Ассоль ждала его дома.
		б	☐ Ассоль ждала его на улице.
		в	☐ Ассоль не было дома.
3	Когда Ассоль пришла домой,	а	☐ в её глазах был необычный свет.
		б	☐ в её глазах были слёзы.
		в	☐ в её глазах была тоска.
4	Лонгрен сказал дочери, что	а	☐ его не будет дома десять часов.
		б	☐ его не будет дома десять дней.
		в	☐ его не будет дома десять лет.
5	Ассоль осталась	а	☐ одна.
		б	☐ с подругой.
		в	☐ с соседкой.
6	Ассоль решила	а	☐ пойти в порт.
		б	☐ пойти в кафе.
		в	☐ пойти в Лисс.
7	В городе было	а	☐ мало людей.
		б	☐ много людей.
		в	☐ много туристов.
8	Люди в городе	а	☐ говорили с Ассоль.
		б	☐ смотрели на Ассоль.
		в	☐ не смотрели на Ассоль.
9	На сердце у Ассоль	а	☐ было тяжело.
		б	☐ было тоскливо.
		в	☐ было легко и свободно.
10	Ассоль сказала Филиппу, что	а	☐ Лонгрен скоро уедет в Америку.
		б	☐ она будет работать в городе.
		в	☐ она скоро уедет из города.

11 «Секрет» вышел в море	**а**	☐	под алыми парусами.
	б	☐	под белыми парусами.
	в	☐	под чёрными парусами.
12 К полудню «Секрет»	**а**	☐	подошёл к реке.
	б	☐	подошёл к озеру.
	в	☐	подошёл к берегу.
13 Грэй видел	**а**	☐	двери домов.
	б	☐	крыши домов.
	в	☐	окна домов.
14 Ассоль сидела в комнате и	**а**	☐	читала книгу.
	б	☐	читала письмо.
	в	☐	читала газету.
15 Ассоль посмотрела в окно и увидела	**а**	☐	корабль с алыми парусами.
	б	☐	корабль с белыми парусами.
	в	☐	корабль с чёрными парусами.
16 Ассоль	**а**	☐	побежала в город.
	б	☐	побежала в лес.
	в	☐	побежала к морю.
17 Среди жителей Каперны	**а**	☐	была эпидемия.
	б	☐	была паника.
	в	☐	был праздник.
18 От корабля	**а**	☐	отплыла лодка.
	б	☐	отплыла яхта.
	в	☐	отплыл катер.
19 Грэй и Ассоль	**а**	☐	встретились.
	б	☐	не встретились.
	в	☐	не узнали друг друга.
20 Ассоль	**а**	☐	вышла замуж за Хина.
	б	☐	вышла замуж за Филиппа.
	в	☐	вышла замуж за Грэя.

Александр Степанович Гриневский
(1880 – 1932)

Александр Грин

Александр Грин – романтик, революционер, писатель, автор удивительной истории о любви, о вере в мечту и о том, что чудеса нужно делать своими руками.

Александр Грин – это литературный псевдоним, так маленького Сашу называли в школе его одноклассники. Настоящее имя автора «Алых парусов» – Александр Степанович Гриневский.

Семья

Отцом будущего писателя был польский дворянин Стефан Гриневский. За участие в Польском восстании он был арестован и выслан в Сибирь. В 1868 году, после амнистии, Стефан Гриневский переехал в Вятскую губернию. Через четыре года он женился на Анне Степановне Лепковой, а в 1880 году у них родился первый ребёнок. Мальчика назвали Александром. После рождения сына семья переехала в Вятку (сейчас Киров). Гриневские жили очень бедно. В семье было четверо детей: два мальчика, Александр и Борис, и две девочки, Антонина и Екатерина.

Гриневский Степан Евсеевич,
отец писателя

Гриневская
Анна Степановна,
мать писателя

Детство

Александр рано научился читать и писать. Когда мальчику было пять лет, он прочитал свою первую книгу, «Путешествия Гулливера» Джонатана Свифта. Как и Артур Грэй, Саша любил читать книги о море, кораблях, путешествиях, дальних странах и городах. Как и Ассоль, он любил мечтать.

В девять лет Саша пошёл в школу. Учился он плохо, хотя по интеллекту был намного выше своих одноклассников. Мальчик любил часами сидеть в школьной библиотеке и читать книги. Когда Саше было восемь лет, он открыл для себя Пушкина, а в двенадцать лет мальчик знал всю русскую классику.

В пятнадцать лет Саша остался без матери. Анна Степановна умерла от туберкулёза. Стефан Гриневский женился второй раз. Отношения Александра с мачехой были очень сложными.

Вятка
(сейчас Киров)

Крым

Море

После окончания школы шестнадцатилетний Саша Гриневский ушёл из дома. Он, как и Артур Грэй, решил стать моряком. Отец дал сыну двадцать пять рублей денег и адрес своего друга в Одессе. Город поразил мальчика: широкие улицы, бульвары, корабли, пароходы, люди... Но для учёбы в мореходной школе нужны были деньги, а их у Александра не было. Мальчик голодал, спал на улице, ему было плохо и трудно, но он, как и Грэй, шёл к своей цели. Друг отца помог Александру стать учеником матроса на пароходе «Платон». Деньги на учёбу, восемь с половиной рублей, телеграфом выслал отец. Пароход «Платон» курсировал по маршруту Одесса – Батум – Одесса и заходил почти во все портовые города Крыма и Кавказа. Александр Гриневский впервые увидел Ялту, Феодосию и Севастополь. Огни вечерней Ялты поразили его. На «Платоне» Александр сделал только два рейса. Учёба стоила денег, а их у бедного ученика матроса не было.

Бедуины в Египте

Путешествие в Египет

Было в биографии писателя и одно экзотическое путешествие. Весной 1897 года Гриневский отправился в Египет на пароходе «Цесаревич». Пароход заходил в Стамбул, Смирну и Александрию. В Александрии юноша сошёл на берег. Там он увидел порт, базар, пальмы, грязные улицы. Времени у него было мало, да и идти было некуда. Когда Александр вернулся на корабль, он рассказал товарищам романтическую историю о том, что в него стрелял бедуин, а красавица-арабка подарила ему алую розу… На самом деле никакого бедуина и красавицы-арабки не было.

1900-е годы

Потом были годы тяжёлой работы и бедности. Гриневский был матросом, грузчиком, актёром, переписывал роли для театра, работал на заводе, на золотых приисках, был солдатом, дезертиром, революционером. В 1903 году будущего писателя арестовали за революционную пропаганду. В октябре 1905 года его освободили по амнистии, но через год опять арестовали и выслали в Сибирь, в Туринск. Из Туринска Гриневский сбежал в родной город. Стефан Гриневский помог сыну сделать фальшивый паспорт на имя Мальгинова. По этому паспорту Александр Гриневский уехал в Петербург. Позже, в 1910 году, писателя арестуют в третий раз за этот фальшивый паспорт.

Петербург.
Памятник Петру I

Литературная карьера

Первые два рассказа Грин написал в 1906 году. Через год писатель начинает публиковать свои книги под псевдонимом «А.С. Грин». В 1910 году рассказы Грина получают хорошую оценку критиков. В 1912 году, через два года после третьего ареста, Грин возвращается в Петербург, где знакомится с Александром Куприным, Алексеем Толстым, Леонидом Андреевым, Валерием Брюсовым. Рассказы Грина публикуются в газетах и иллюстрированных журналах. Критики называют его «русским Гофманом» и «русским Эдгаром По», однако стиль и идеи Грина уникальны. Книги Грина – это поэтические и психологические новеллы, в которых рассказывается о любви, о вере в мечту и о том, что чудеса нужно делать своими руками. Писатель отходит от революционных идей, он пишет о романтических героях и о романтическом идеале свободы. Все герои Грина живут в далёкой фантастической стране, которую критики потом назовут «Гринландией».

«Алые паруса»

В 1916 году писатель начинает работу над повестью «Алые паруса», пишет он её почти пять лет. Эта повесть – кульминация гриновского романтизма. Грин пишет удивительно светлую книгу в самое страшное для России время. Это были годы Первой мировой войны, двух революций, красного террора, голода, эпидемий, Гражданской войны. Грин не поддержал Октябрьскую революцию. Большевики арестовали писателя.

Карта Гринландии

«Алые паруса». Праздник выпускников в Санкт-Петербурге

Это был четвёртый арест в его жизни. Летом 1919 года писателя мобилизовали в Красную армию, но на фронте он заболел тифом и почти месяц лежал в инфекционной больнице. Работа над «Алыми парусами» была закончена в декабре 1920 года. Повесть опубликовали в 1923 году. Писатель посвятил её своей второй жене Нине.

Крым

В 1924 году писатель и его жена переезжают в Крым, в Феодосию. В период с 1924 по 1929 год Грин написал свои лучшие рассказы и романы («Блистающий мир», «Золотая цепь», «Бегущая по волнам»). Однако советская власть считала Грина своим идейным врагом. Старые книги писателя не издавались, а из новых можно было публиковать только одну книгу в год. Писатель и его жена жили очень бедно, часто болели и голодали. Александр Грин умер 8 июля 1932 года после тяжёлой болезни. Ему было пятьдесят два года.

Сегодня книги Александра Грина любят и читают во всём мире. Его имя осталось нам навсегда в «Алых парусах» и в сердцах, которые верят в чудо и знают, что такое любовь.

Тест

Найдите правильный ответ:

1	Александр Степанович Гриневский –	а	☐ известный русский философ.
		б	☑ известный русский писатель.
		в	☐ известный русский художник.
2	Александр Грин – это	а	☐ настоящее имя писателя.
		б	☐ имя отца писателя.
		в	☐ литературный псевдоним.
3	Отец Александра был	а	☐ английским дворянином.
		б	☐ польским дворянином.
		в	☐ испанским дворянином.
4	Гриневские жили	а	☐ бедно.
		б	☐ хорошо.
		в	☐ весело.
5	Александр рано научился	а	☐ рисовать.
		б	☐ танцевать.
		в	☐ читать и писать.
6	В школе Александр учился	а	☐ плохо.
		б	☐ хорошо.
		в	☐ с большим интересом.
7	После окончания школы Александр	а	☐ решил стать писателем.
		б	☐ решил стать художником.
		в	☐ решил стать моряком.
8	Александр Гриневский уехал учиться в	а	☐ Санкт-Петербург.
		б	☐ Одессу.
		в	☐ Севастополь.
9	Александр Гриневский	а	☐ не работал.
		б	☐ много и тяжело работал.
		в	☐ поступил в университет.
10	В начале 1900-х годов писателя интересовали	а	☐ идеи философии.
		б	☐ идеи религии.
		в	☐ идеи революции.

11 Первые два рассказа Грин написал
- **а** ☐ в 1906 году.
- **б** ☐ в 1916 году.
- **в** ☐ в 1926 году.

12 В 1910 году рассказы Грина получили
- **а** ☐ плохую оценку критиков.
- **б** ☐ хорошую оценку критиков.
- **в** ☐ литературную премию.

13 Критики назвали Грина
- **а** ☐ «русским Данте».
- **б** ☐ «русским Шекспиром».
- **в** ☐ «русским Эдгаром По».

14 Идеи Грина уникальны,
- **а** ☐ у писателя свой уникальный стиль.
- **б** ☐ но у писателя нет своего стиля.
- **в** ☐ но эти идеи старомодны.

15 Книги Александра Грина – это
- **а** ☐ романтические истории.
- **б** ☐ истории для детей.
- **в** ☐ библейские истории.

16 Герои Грина живут в далёкой
- **а** ☐ Америке.
- **б** ☐ Африке.
- **в** ☐ фантастической стране.

17 «Алые паруса» – это самая
- **а** ☐ странная повесть Грина.
- **б** ☐ известная повесть Грина.
- **в** ☐ грустная повесть Грина.

18 «Алые паруса» – это история
- **а** ☐ о вере в Бога.
- **б** ☐ о вере в революцию.
- **в** ☐ о любви и вере в мечту.

19 Писатель умер
- **а** ☐ на фронте.
- **б** ☐ в автомобильной катастрофе.
- **в** ☐ от тяжёлой болезни и бедности.

20 Книги Александра Грина
- **а** ☐ любят и читают в наши дни.
- **б** ☐ не любят и не читают.
- **в** ☐ не публикуют.

Содержание коммуникативно-речевой компетенции

В этой книге представлены следующие темы для изучения:

- биография А.С. Грина;
- культурно-историческая информация о России начала XX века;
- фразеологизмы со словом «сердце» и их значение с примерами.

Иллюстрированный словарь на темы:

«Море»;
«Деревня»;
«Замок»;
«Корабль».

Грамматические структуры:

- именительный, родительный, дательный, винительный, творительный, предложный падежи существительных и прилагательных;
- краткие прилагательные;
- личные, притяжательные, относительные, указательные, отрицательные, вопросительные местоимения;
- глаголы в настоящем, прошедшем и будущем времени;
- глаголы движения с приставками и без приставок;
- инфинитив;
- несовершенный и совершенный вид глагола;
- количественные и порядковые числительные;
- качественные и количественные наречия, наречия места и времени;
- прямая речь;
- порядок слов в предложении.